DEBUT D'UNE SERIE DE DOCUMENTS
EN COULEUR

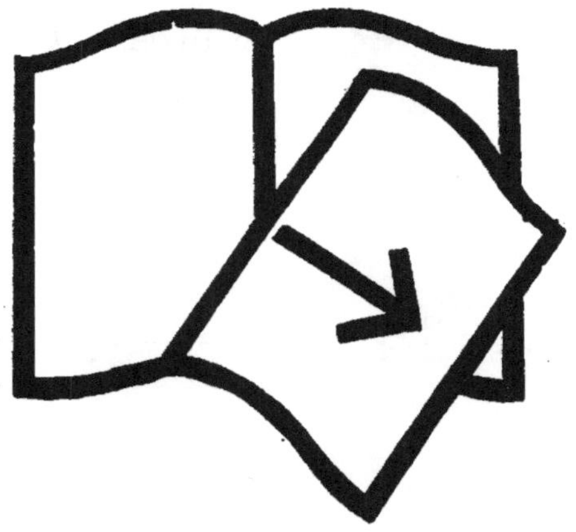

Couverture inférieure manquante

HENRY D'IDEVILLE

LETTRES FLAMANDES

Cassel — Bergues Saint-Winoc

Dunkerque

Ypres — Oxelaere

PARIS

IMPRIMERIE TYPOGRAPHIQUE DE A. POUGIN

13, QUAI VOLTAIRE, 13

1876

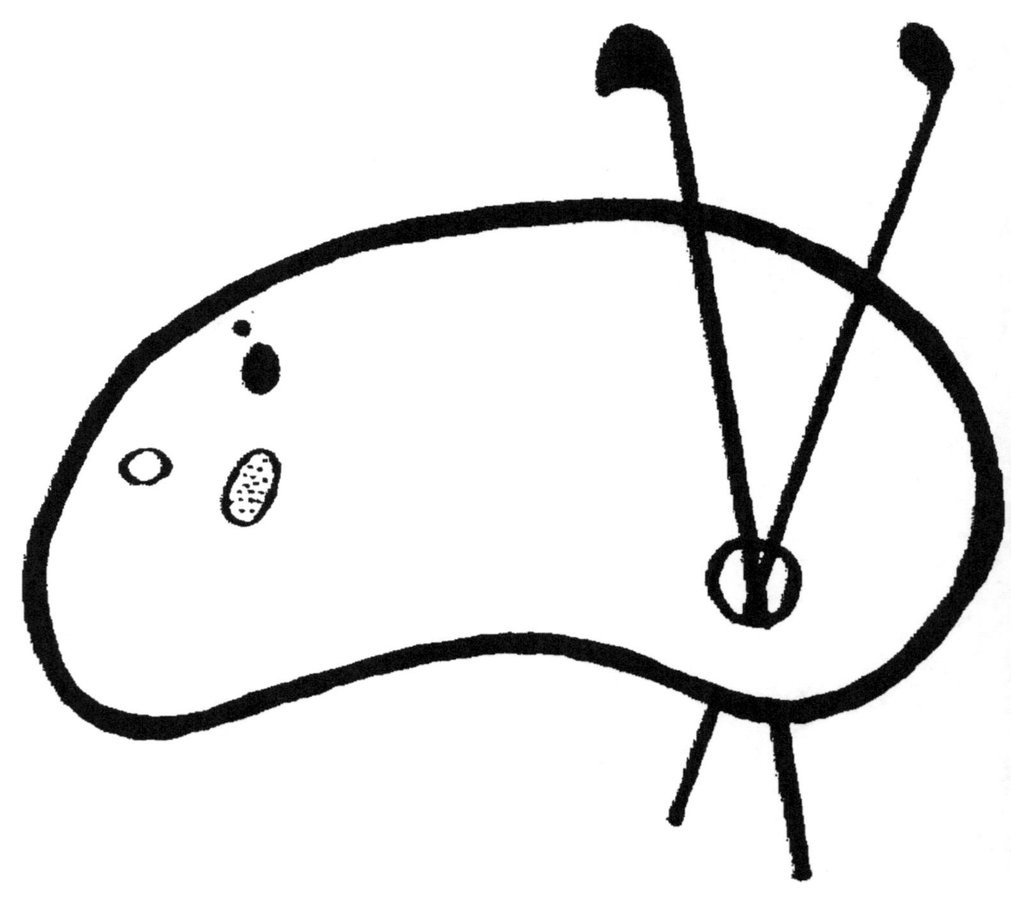

FIN D'UNE SÉRIE DE DOCUMENTS
EN COULEUR

LETTRES FLAMANDES

HENRY D'IDEVILLE

LETTRES FLAMANDES

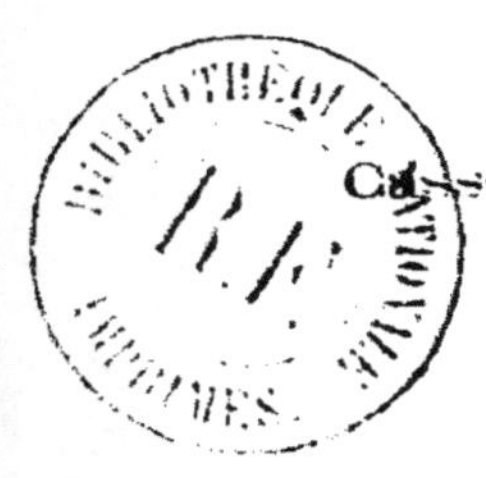

Cassel — Bergues Saint-Winoc

Dunkerque

Ypres — Oxelaere

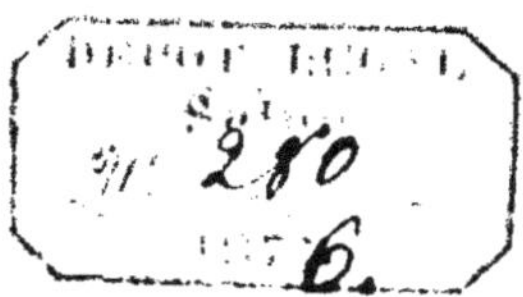

PARIS

IMPRIMERIE TYPOGRAPHIQUE DE A. POUGIN

13, QUAI VOLTAIRE, 13

—

1876

LETTRES FLAMANDES

I

Cassel, 10 août 1875.

Cassel. — Situation de Cassel. — Souvenirs historiques. — La montagne de Cassel. — Panorama de la terrasse. — Douvres. — Une oasis de verdure. — Le village d'*Oxelaere*. — Les monuments de Cassel. — La côte de Cassel. — L'ancien relais. — Villégiature. — Les sources d'eau ferrugineuse. — Les voies romaines. — La flotte de César. — L'invasion de la Grande-Bretagne. — Caractère du Casselois. — L'amour du pays. — La culture en Flandre. — Mœurs flamandes. — La langue flamande. — Les magisters.

Je n'ai pas oublié votre surprise au moment de mon départ pour les Flandres. « Quelle étrange idée vous a pris, disiez-vous, d'aller à Dunkerque, et quel peut être ce Cassel dont vous vantez les grands horizons, les mœurs pures et les beaux paysages ? — Pauvres Français ignorants que nous sommes et Parisiens routiniers que vous êtes, tout ce qui n'est point Trouville, Luchon ou Monaco vous semble, par moment, au bout du monde et presque indigne de votre intérêt. — Plus d'un gentleman, accompli, je le gage, plein de lecture, connaissant ses auteurs, et l'ancien Bade et le lac de Côme, confond ingénument notre Cassel de France avec l'ancienne capitale allemande de l'ex-Électeur de Hesse. — Aussi ne

1

semble-t-il pas inutile de rappeler que *Cassel* est une petite ville, chef-lieu de canton situé dans l'arrondissement d'Hazebrouck (département du Nord). C'est, de plus, une station de la ligne de Paris à Dunkerque, d'où en moins d'une heure l'habitant de Cassel peut aller visiter son voisin de la patrie de Jean-Bart. — Cassel, jusqu'à présent du moins, n'a point donné le jour à un très-grand homme ; mais, en revanche, l'endroit est célèbre dans l'histoire par trois batailles qui se sont livrées sous ses murs. — La dernière date de 1677, et fut une victoire remportée, sous le Roi-Soleil, par le duc d'Orléans sur les Hollandais. Ne vous souvenez-vous pas de ce grand tableau de Van der Meulen à Versailles, représentant les ennemis dans la plaine, de riches seigneurs à cheval au premier plan, et dans le lointain la montagne de Cassel avec ses moulins ?

Toutefois le mont Cassel, malgré le dire de ses habitants, n'est point un nid d'aigle. Il est vrai que nous sommes en Flandre, et qu'ici, la colline qui sert d'assise à la petite cité flamande peut fort bien être classée au rang de montagne. — Tout est relatif en ce monde. Or, depuis Paris, nous n'avons point perdu de vue les plaines, plaines de Picardie, plaines d'Artois, plaines de Flandre, riches sans doute et fertiles, mais singulièrement monotones. Après ces horizons interminables, les yeux ont besoin de se reposer, de s'abaisser sur un premier plan. Une soif ardente de verdure, de collines boisées, de cours d'eau et de monticules s'empare du voyageur ; voilà pourquoi nous saluons avec tant d'enthousiasme les hauteurs de Cassel, ses moulins à vent historiques et ses clochers qui dominent orgueilleusement la plaine. De la terrasse du château (157 mètres seulement au-dessus du niveau de la mer), on aperçoit trois royaumes, trente-deux places fortes et cent villes ou villages, sans compter les phares, la tour de Dunkerque et la mer du Nord dans son immensité. Par les temps clairs, on découvre la rade de Douvres et les clochers de Bruges. — « Ceci est possible, répondait à un fier Casselois un quidam originaire des Pyrénées, mais vous serez toujours du pays de Lilliput. Tenez ! votre montagne et votre ville, à nous autres du Midi, fait l'effet d'un morceau de sucre au milieu d'un plat ! » — Nous aimons trop Cassel pour penser un seul instant que l'habitant des Pyrénées ait pu s'approcher de la vérité. N'est-ce pas trop déjà de reproduire cette calomnie ?

Toujours est-il, qu'au milieu de ces plaines immenses, qui deviennent, à mesure qu'on approche de la mer du Nord et de la Belgique, plus tristes et plus monotones, Cassel et ses environs forment une véritable oasis, un coin de paradis. — Ce n'est pas seulement le panorama splendide que l'on découvre du plateau de Cassel, son air vivifiant et embaumé, ses souvenirs historiques et ses antiquités qui ont fait la réputation de la petite ville flamande, ce sont ses alentours, nids de verdure où il serait si bon de tout oublier; ces frais pâturages bordés de grands arbres, ces fermes riantes et ces jolis villages aux habitations de brique qui se détachent si heureusement sur le fond sombre de la verdure. — Il y a surtout, en quittant à droite la station de Cassel, au pied du village d'Oxelaere, certaine construction Louis XIII, nouvellement élevée, qui nous a paru un modèle d'élégance et de goût. Nous nous tromperions fort si dans ce beau parc où nous apercevons sur les pelouses s'agiter, au milieu de graves cigognes, un essaim de joyeux enfants, si dans cette habitation confortable où l'on distingue, penchées au balcon, des blanches silhouettes de jeunes femmes, le bonheur calme et vrai n'était venu se réfugier.

De la station, il faut une demi-heure à pied pour gravir les rampes qui conduisent à la ville. La belle route que suivent les voitures décrit plusieurs lacets en s'élevant sur le flanc de la montagne, et la vue s'étend à mesure que l'on s'élève. — Cassel est la cité flamande dans tout son éclat, tout son charme, dans toute sa propreté en un mot: les rues sont larges, garnies de maisons à un étage; deux portes pittoresques rappellent la féodalité et les luttes de Philippe de Valois avec les Flamands. Sur la grande place, auprès de l'auberge renommée du *Sauvage*, l'ancienne maison de ville, aujourd'hui prétoire du juge de paix, dépôt d'archives. C'est un édifice de la Renaissance, percé au rez-de-chaussée de longues baies en ogives et au premier étage de croisées plus petites. Au-dessus de la porte, on m'a fait remarquer une sorte de tribune armoriée et de petit balcon d'où les arrêts se lisaient au peuple. Plus loin l'hôtel de la Noble Cour, siége de la cour féodale de Cassel, du magistrat de la châtellenie et des États de la Flandre maritime. Ces vestiges de l'occupation et de l'architecture espagnoles, ces demeures à pignons historiés, percées de larges fenêtres aux balcons saillants, ont beaucoup de caractère. Combien nous les préférons à nos plates maisons modernes! — Partout, du reste, nous l'avouons sans hésiter, nous regrettons le vieux temps!

Lorsque les diligences, les malles-poste sillonnaient jadis la grande route de Paris, Lille et Dunkerque, Cassel était un relais important. D'habitude, les voyageurs montaient à pied la longue côte de Cassel, chacun d'eux se hâtant de devancer les lourds véhicules afin de savourer à loisir la célèbre cuisine du *Sauvage* et du *Lion blanc*. Cet heureux temps n'est plus ! Les chaises de poste des riches Anglais n'ébranlent plus le pavé des rues paisibles de Cassel. Plus de postillons, plus de diligences ! — « Il arrivait alors souvent, nous racontait un vieux Casselois, que les familles se rendant sur le continent, en Italie ou en Suisse, s'arrêtaient un mois dans notre ville, séduites par la beauté du paysage et l'hospitalité des habitants. Plusieurs familles se sont même établies à Cassel. Les bourgeois de Dunkerque y viennent en partie le dimanche, et quelques-uns d'entre eux par trop affamés de verdure, d'ombre et de pittoresque, y louent pendant la saison d'été de jolis cottages clair-semés sur la côte. — Toutefois, Cassel ne fait point de grands frais pour attirer les étrangers ; ses 4,300 habitants lui suffisent, et cependant rien ne lui eût été plus facile que d'utiliser les sources d'eau ferrugineuse qui coulent au pied de la montagne dans la charmante vallée d'Oxelaere.

Au temps de l'occupation romaine (quel point n'ont-ils pas occupé ces hardis conquérants !) Cassel, *Castrum*, *Castellum*, était une place formidable ; les constructions qui subsistent encore en sont le témoignage. De plus, le château fort était le point central où venaient se rejoindre plusieurs voies stratégiques très-importantes. Lorsqu'on est arrivé sur la terrasse de l'ancien château, l'œil découvre, au milieu de la plaine immense, couverte d'habitations, sillonnée de chemins et d'allées, coupée de bouquets de verdure et de prairies, comme le serait un immense jardin anglais, quatre longues avenues droites qui se perdent à l'horizon ; or, ces interminables avenues, dont Cassel est le point central, ne sont autres que des voies romaines, routes ci-devant impériales et royales, aboutissant à Saint-Omer, à Dunkerque, les autres se dirigeant vers Lille et vers la Belgique. — De cet observatoire, César pouvait contempler à loisir les côtes d'Angleterre. Ce fut non loin d'Ostende que M. de Saulcy, envoyé il y a quelques années par l'empereur Napoléon III, découvrit des vestiges d'arbres et de troncs coupés appartenant à une ancienne forêt ; c'est sur ce point, paraît-il, que fut construite la flotte destinée à envahir la Grande-Bretagne.

Le Casselois, en qualité d'habitant de la montagne, est attaché à son sol, à sa ville, à ses habitudes, à son logis. Il est simple, bon, de mœurs douces. On lui reproche d'avoir un peu de sauvagerie dans le caractère et d'être très-casanier. — J'ai rencontré, à Cassel, un citoyen tellement fier de sa cité qu'il a consacré sa vie à rechercher, à collectionner tout ce qui s'y rapporte. — Quel meilleur emploi de son temps pour un bourgeois oisif et sédentaire ?

Les femmes sont patriotes, lettrées, jolies, gaies et vertueuses. —
N'avions-nous point raison de dire que Cassel était une oasis, un
coin de paradis ?—Il est vrai que depuis que nous sommes l'hôte des
Casselois, nous entendons, à chaque heure de la journée, faire un
tel éloge de ce pays, que nous avons fini par être un peu con-
vaincu de la chose. Mon Dieu ! n'est-il pas pardonnable et naturel
d'aimer et de vanter, par-dessus tout, le pays natal ! Fût-il laid,
pelé, aride, plat et malsain, l'endroit où nous sommes né, où
nous avons grandi, où nous avons aimé, aura, sans cesse, à nos
yeux, un charme, un attrait à nul autre comparable.

Je me souviens d'avoir rencontré au fond de la Sologne, dans le
village le plus triste, le plus pauvre, le plus deshérité, un homme
fort intelligent ayant longtemps voyagé, qui préférait sincèrement sa
plaine grise à tous les paysages de la terre. — Nous qui avons eu
le bonheur de naître dans un pays, à nos yeux naturellement le
plus beau du monde et possédant du reste ses lettres de beauté,
la Limagne, nous avons conservé pour notre endroit, pour nos
montagnes, une tendresse telle que nous comprenons aisément
l'enthousiasme et la passion des autres pour leur lieu d'origine.

Il y a en France peu de campagnes aussi bien cultivées que
les Flandres et en particulier que celles de l'arrondissement d'Hazebrouck. Les pâturages, sans être très-épais, y sont fort nom-
breux et la plupart entourés d'arbres. Le sol convient merveilleu-
sement aux ormes, qui atteignent ici de grandes hauteurs ; ces
avenues larges au milieu des prés forment un singulier effet ; on
s'attend toujours à apercevoir un château, un parc ; c'est simple-
ment à une haie qu'aboutissent ces rangées d'arbres séculaires,
ou aux bâtiments d'une ferme cachée dans la verdure. On rencontre
peu de châteaux et de grandes habitations dans les environs de Cassel, et dans cette partie des Flandres. La propriété cependant
n'y est point divisée d'une façon exagérée ; mais, usage assez
bizarre, et que nous nous permettrons de blâmer, les propriétaires
fonciers résident le plus souvent dans les villes. Le paysan flamand a de tous temps cultivé la terre avec un zèle particulier et
une rare intelligence. Il est né agriculteur, et, grâce à Dieu, les
usines et les fabriques sont encore inconnues dans ces parages.—
Le Flamand est lent, peu communicatif. Il apporte dans sa démarche,
dans ses habitudes, dans son langage, cette lourdeur proverbiale
inhérente au pays du Nord. — Mais en vérité, cette lenteur, ce
calme, cette sérénité sont loin de déplaire, surtout, lorsqu'on est
las de la pétulance des populations méridionales.

Ces joyeux habitants du Midi, disait je ne me souviens quel

auteur, avec leur physionomie petillante d'intelligence, leur voix vibrante, leurs gestes multipliés, amples, leur langage imagé, sont toujours affairés sans qu'on sache pourquoi. La pétulance est, ici, chose rare.

Le patois flamand, ou mieux la langue flamande, est la langue usuelle dans tout le pays des Flandres françaises, c'est-à-dire dans les arrondissements d'Hazebrouck et de Dunkerque. Les études latines et grecques se faisaient jadis en flamand; c'est au séminaire de Poperinghe, ville belge voisine, que les jeunes Casselois allaient, au commencement du siècle, terminer leur éducation. Il est interdit aux notaires d'écrire leurs actes en flamand, mais un grand nombre de paysans ignorant absolument la langue française, les officiers ministériels sont souvent fort embarrassés pour se faire comprendre de leurs clients. A Ypres, ville importante de Belgique à deux heures de Cassel, les avocats plaident en flamand, et les ordonnances et avis sont tous imprimés dans cette langue.

Dans notre Flandre française, les curés se contentent de prêcher en flamand dans les villes et dans les villages. Combien de temps le vieux langage sera-t-il en honneur? Nous l'ignorons, mais une observation faite par un vieux fermier des environs de Cassel nous a frappé.

« Le respect s'en va, disait-il, à mesure que les enfants apprennent le français à l'école; lorsqu'ils rentrent à la maison, ils semblent mépriser le père et la mère qui ne parlent pas le même langage qu'eux.

« L'orgueil, le mépris des anciens s'en mêle; plus tard, nos gars ne pensent plus qu'à quitter le village. Voyez-vous, tout cela n'est pas bon, certainement! Que le magister enseigne à lire, à écrire, à compter: pour nous c'est assez, mais pas davantage! » — Le vieux Flamand parlait d'or. N'est-il pas plus sage, plus honnête, plus humain de laisser l'homme des champs à ses travaux, sans lui donner de la science, cette plante à la fois si vénéneuse et si salutaire, plus que la dose indispensable à ses besoins, à son bonheur? — N'est-ce pas au respect qu'elles ont conservé pour leur langue et leurs traditions que nos provinces de Bretagne et de Flandre doivent d'être demeurées plus probes, plus religieuses et plus saines. Les journaux qui enseignent la République radicale et la Libre Pensée ne sont pas encore, Dieu merci! traduits en flamand et en breton. Voilà pourquoi les convoitises ardentes, la haine de l'autorité quelle qu'elle soit, peut-être les passions radicales en un mot, ne sont point encore déchaînées sur ce pays fortuné.

II

Bergues Saint-Winoc, 13 août 1875.

Que de fois, dans une galerie de maitres hollandais et flamands, ne nous sommes-nous point arrêté devant la *Promenade aux remparts?* Du milieu des arbres s'élève, flanquée de tourelles, la porte de la ville ; à travers la baie fermée en ogive se découvre une échappée sur la rue où l'on distingue les passants affairés; aux pieds des murs de défense, des fossés remplis d'eau ; plus loin, un groupe de dames et de bourgeoises aux costumes variés regagnent lentement leur logis, tandis que des enfants sur le talus des remparts regardent attentivement un pêcheur à la ligne. Deux cavaliers sortent par la poterne; l'un salue le groupe des promeneuses, l'autre jette l'aumône à un pauvre. Dans le chemin creux, au premier plan, un lourd chariot s'avance trainé par de forts chevaux flamands; un baudet chargé marche derrière; des vaches blanches et brunes occupent un coin du tableau; des villageois, des soldats, un moine remplissent le paysage. A l'horizon on aperçoit les toits bleus et les pignons rouges des maisons de la ville; la fumée s'élève droite des larges cheminées; les clochers aigus de l'église, les tours du couvent, le haut beffroi de la cité, rien ne manque à cette scène intime et vivante, à ce tableau rempli de poésie et de vérité.

Eh bien! assise dans la plaine, Bergues Saint-Winoc, la gentille cité de Bergues, semble avoir servi de modèle à tous les vieux maitres allemands. — C'est d'abord une place de guerre de première classe. Sans doute est-ce un grand honneur pour elle ; mais, Dieu merci ! son aspect n'a rien de farouche. Au contraire, tout paraît si paisible et si heureux dans la petite ville flamande que l'on s'imaginerait avec peine que ses murs roses et ses talus verdoyants puissent recéler la mort.

Bergues, située à deux lieues de Dunkerque, sur la ligne du chemin de fer, est également placée sur les canaux de Dunkerque à Hondschoote et sur la grande route. — Jadis, au temps du prince-abbé de Bergues et de Saint-Winoc, Bergues était une ville des plus animées et des plus mondaines. Les trésors de la riche abbaye ont été dispersés avec les pierres de l'église abbatiale, dont une chapelle atteste encore la magnificence. La ville abritait alors toute la noblesse des environs et les hauts bourgeois y menaient grand train. Tout à l'heure, en me conduisant à *la Plaine*, emplacement gazonné, entouré d'arbres, sur lequel s'élevaient jadis les bâtiments de l'abbaye, M. X..., mon aimable guide, me racontait mélancoliquement que son père se souvenait d'avoir vu, dans son enfance, avant la Révolution, le prince-abbé se rendant à Dunkerque, en carrosse à six chevaux, précédé d'un courrier.

« Il y a encore trente ans, Bergues, ajoutait mon hôte, était une ville animée et gaie. — Aujourd'hui, les beaux hôtels, les jolies maisons que vous admirez sont inoccupés pour la plupart ; l'herbe pousse dans les rues, et cependant, ajoutait-il, les demeures n'ont pas changé de propriétaires. Tous se sont dispersés, il est vrai ; mais chacun d'eux conserve pour sa chère ville un profond attachement. A cette époque, sans cesse nous étions en fêtes, Bergues adorait le plaisir, les parties, les réunions intimes ; ah ! tout cela est bien fini, c'est une ville morte. » — « En êtes-vous bien sûr ? fis-je en souriant à mon hôte et regardant à la dérobée ses beaux cheveux blancs, n'est-ce pas nous, plutôt, qui avons beaucoup changé ? » — Tout à coup, comme pour donner raison à mes paroles, au détour de la rue circulaire, une voix fraîche et délicieuse, accompagnée au piano, faisait entendre une mélodie charmante, *Mandolinata*. Deux jeunes femmes, escortées par un officier qui semblait être un parent, sortaient alors de la maison harmonieuse. La porte fermée, nous n'entendîmes plus le refrain de la romance ; la rue reprit son calme, et nous suivîmes longtemps du regard le petit groupe des trois personnages. Nos jeunes femmes, les deux sœurs, sans doute, étaient fort jolies et vêtues avec une simplicité des plus élégantes. Elles causaient avec animation, appuyées l'une sur l'autre, tandis que leur cavalier souriait, en les interpellant.

Je ne me lassais point de les regarder marcher, et n'avais pas besoin que M. X... me fît remarquer leur taille svelte et gracieuse, lorsqu'elles disparurent à l'angle de la *rue du Commandant*. « Eh bien ! dis-je à mon compagnon, croyez-vous maintenant que Bergues soit si déshéritée ? Ne vous en déplaise, cher hôte, comme aux temps lointains dont vous me parliez, la petite ville abrite aujourd'hui plus d'une famille heureuse, plus d'un couple jeune et riche d'avenir. On danse, on vit, on aime à Bergues ; mais, hélas ! ce ne sont plus nos contemporains. Quant à la physionomie de la ville, a-t-elle tant changé ? je gage qu'il y a trente ans, l'herbe poussait avec autant de majesté entre les pavés des rues ; aviez-vous alors le temps de vous en apercevoir ? Depuis, la garnison de 1840 s'en est allée et bien d'autres se sont succédé, voilà tout ! les fils et les petits-fils ont remplacé les pères. N'est-ce point la loi ? Pour moi, je serais surpris si, à cette heure, dans la petite place d'armes hospitalière, nos jeunes officiers n'avaient point, comme il y a trente ans, comme il y a deux siècles, ébauché, chacun, un joli roman d'amour. Tenez ! les costumes sont moins pittoresques que dans la *Promenade aux Remparts*, mais nous retrouverions, je le gage, avec un peu de bon vouloir, ainsi que dans le paysage du vieux maître, un beau cavalier sur les remparts souriant à une gracieuse demoiselle, tandis que le villageois gourmande ses chevaux et que le mendiant reçoit l'aumône. »

Si nos excellents patriotes de 1793 ont brûlé, détruit, saccagé de fond en comble les splendides bâtiments de l'abbaye de Saint-Winoc, asile, nous n'en doutons point, d'une féroce et monstrueuse tyrannie, la municipalité du temps a eu l'esprit d'arracher quelques œuvres d'art à la dévastation de l'hôtel de ville de Bergues, et le musée, de construction nouvelle, fait sur les plans exacts d'un hôtel du seizième siècle, qui s'élevait à la même place, possède des tableaux assez remarquables qui appartenaient à ladite abbaye. — L'église de *Saint-Martin*, fort belle, date de 1500 environ ; son trésor renferme la châsse de saint Winoc, et vingt-quatre petits tableaux sur cuivre, de Van Oucke, vraiment merveilleux. — Quant au beffroi de Bergues, orgueil des Berguenards, ils en sont aussi fiers (faut-il les en blâmer ?) que des savantes fortifications de Vauban. — C'est, en effet, un monument curieux et pittoresque du seizième siècle ; du haut de la terrasse de Cassel, je l'avais aperçu ; mais ici j'ai pu admirer, de près, ses quatre tourelles élégantes surmontées du clocheton où retentit, toutes les heures, le carillon traditionnel.

Le pur Flamand règne à Bergues ; la population y est religieuse, attachée à ses traditions, à ses devoirs, et naturellement fort peu républicaine. — La politique (que Dieu l'en préserve pour long-temps!) n'a point élu domicile dans ce pays privilégié. Les vieilles familles du pays, qui, de père en fils, sont représentées dans nos assemblées nationales et provinciales, ont conservé leur influence et nous supposons au brave peuple flamand trop de bon sens, de sagesse et de prudence pour penser qu'il abandonnera sa foi poli-tique et religieuse en adoptant les principes nouveaux des piliers d'estaminet, grands avaleurs de prêtres et... de sabres. Dans la plaine de Bergues, comme dans les environs de Cassel et l'arron-dissement d'Hazebrouck, le paysan est sincèrement catholique. Tous vont à l'église le dimanche et suivent respectueusement les offices; quelques-uns, plus indifférents et plus paresseux que les autres, se rendent à l'église par respect humain. Ils seraient montrés au doigt par leurs voisins, me dit-on, s'ils négligeaient d'aller à la messe. — L'influence du curé cependant n'a, dans ces contrées, rien d'excessif : le Flamand chérit son indépendance, et ne sup-porte l'ingérence de personne dans ses affaires. Il est croyant, et s'il se découvre devant les petits tableaux de sainteté suspendus aux arbres du chemin, s'il s'agenouille, s'il fait une prière devant les nom-breuses chapelles éparses dans la campagne, au bord des routes et des canaux, c'est qu'il le veut bien et qu'il y trouve une satisfaction personnelle, une consolation, une espérance. Ce n'est ni par hypo-crisie ni par crainte qu'il agit ainsi; les seigneurs et le clergé ne le pressuraient point jadis; et ce n'est pas aujourd'hui, en notre ère de liberté et de république, qu'on pourrait l'accuser d'obéir à la contrainte ou à la force.

La culture varie peu dans les arrondissements de la Flandre française (Hazebrouck et Dunkerque) : des pâturages, du blé, du lin et du houblon. Les houblonnières avec leurs longues perches de sapin, autour desquelles grimpe et s'enroule le précieux arbuste, sont d'un effet pittoresque. C'est un produit sûr et très-avantageux. Un hectare d'une houblonnière en plein rapport peut produire jusqu'à 8,000 francs par an; mais, disait le Père Albéric, l'économe-fermier de la *Trappe du Mont-des-Cats*, il faut bien compter par hectare 5,000 francs de frais de culture et d'entretien. Les houblonnières durent sept ans; la seconde et la troisième année sont les plus productives. J'ignore si les houblons ont mal réussi ces années dernières, mais, pour être sincère, il nous faut dire que la bière de Flandre est, pour le Français non habitué, le plus désagréable des breuvages. Tel n'est point l'avis des indigènes; la fleur du houblon joue un grand rôle dans leur vie et dans leur alimentation. Il ne s'agit partout que de pinte de bière et de pipe de tabac. Le hasard nous a fait assister, par une fenêtre grande ouverte, aux délibérations d'un conseil municipal de village. Ils étaient là douze, assis autour d'une table, couverte de pintes énormes, et fumaient ; l'un des buveurs, tenant son verre à la main, expliquait méthodiquement sa pensée en pur flamand, sans éclat et sans geste. Ses collègues l'écoutaient en silence, et je ne sais pourquoi ma pensée se reporta à certaines délibérations tumultueuses, stériles et vraiment honteuses auxquelles j'avais eu la douleur peu de jours auparavant d'assister.

Puisque j'ai cité la *Trappe du Mont-des-Cats*, il faut bien vous dire quelques mots de ce monastère, bâti sur une petite montagne, à quelques kilomètres de Cassel, sur les confins extrêmes de Belgique. Le couvent date seulement de l'année 1824, il a été édifié sur les ruines d'une ancienne abbaye. A l'époque où les religieux s'y établirent, cette colline abrupte était fort mal cultivée ; aujourd'hui, grâce à la laborieuse activité des trappistes, les coteaux sont en plein rapport, et nous avons visité avec grand intérêt les bâtiments de la ferme, les salles, les cellules et la chapelle du monastère. Nous nous sommes trouvé bien vite en pays de connaissance avec les bons Pères, et j'ai pu donner *de visu* au révérend abbé des détails circonstanciés sur les splendeurs agricoles et sur la prospérité du grand monastère des trappistes de Staoueli, situé près d'Alger.

I II

Dunkerque, 18 août 1855.

Nous voici à Dunkerque, patrie de Jean Bart, Jean Bart le grand homme par excellence, gloire immortelle de la ville de Dunkerque. Tout ici est à la Jean Bart, places, rues, monuments, hôtels, cafés, magasins et canaux. Nous sommes loin, d'ailleurs, de critiquer ces hommages multiples rendus à la mémoire d'un vrai héros. Celui-là, certes, était bien du peuple. Le fils du pêcheur naissait en 1651, alors que Louis XIV, son jeune roi, atteignait sa treizième année. Le petit marin fit ses premières armes et son apprentissage sous le Hollandais Ruyter, cet excellent maitre qu'il devait battre un jour. La guerre ayant éclaté entre les Provinces-Unies et la France, Jean Bart équipa un corsaire, et, à lui seul, causa tant de dommages aux ennemis du roi, que Louis XIV voulut connaitre ce serviteur aussi intrépide qu'indépendant. On sait les détails de l'entrevue qui eut lieu à Versailles entre le roi et son sujet, ainsi que les brusqueries, le sans-gêne et la sauvagerie du héros. Mais le souverain, qui se connaissait en hommes, imposa silence aux courtisans railleurs, et s'empressa de donner au fils du pêcheur de Dunkerque le commandement d'une escadre. « Puisqu'il faut être noble pour servir en mer et mourir sous le pavillon de France,

je fais Jean Bart gentilhomme, et de vous tous, messieurs, il sera
le plus noble. » Ainsi parla ; ainsi fit Louis XIV. Soit dit en pas-
sant, ceci prouverait assez que sous les anciennes monarchies, les
héros, les grands génies et les grands citoyens, qu'ils fussent de
sang bleu ou de sang rouge, étaient appréciés par le souverain. Il
n'était donc point besoin de tant de révolutions ineptes ou sanglantes pour faire admettre le principe dès longtemps reconnu de l'acces-
sion *de tous à tout*. — Rien alors, il est vrai, du fameux suffrage
aveugle et universel, et les imbéciles remuants et bavards avaient
certes, alors, moins de chance qu'aujourd'hui d'émerger. A plusieurs
reprises, Jean Bart sauva Dunkerque : sa ville lui devait bien une
statue. C'est en 1845 que fut élevé le monument de David d'Angers
sur la grande place de Dunkerque. L'œuvre a été très-critiquée ;
elle est, en effet, rude, bizarre, sauvage, telle, d'ailleurs, que
devait être la figure de l'intrépide marin. La tête est fièrement rele-
vée sous un ample chapeau à plumes : le mouvement du bras qui
brandit l'épée est plein d'audace. On reproche à l'artiste d'avoir
donné au corps trop peu de hauteur, et, en revanche, trop d'im-
portance au légendaire chapeau. Mais on s'habitue à cet ensemble,
qui a je ne sais quoi de grandiose et de saisissant. David d'Angers, après tout, n'était point un statuaire compassé et académi-
que, et je suis persuadé que s'il eût vécu du temps de Jean Bart,
celui-ci n'aurait pas choisi d'autre maître pour être portraicturé.

Dunkerque est une de nos jolies villes de France, bien bâtie,
riche et fort animée. Le port et la rade sont célèbres, et si nous
n'avons qu'un abri sur la mer du Nord, un seul port, en regard de
Londres et de notre vieille alliée l'Angleterre, il faut avouer que
cet abri n'est point à dédaigner. Demandez aux quarante mille
Dunkerquois s'ils aiment leur ville et s'ils en sont fiers, vous aurez
leur réponse. Dunkerque est en pleine prospérité ; des travaux
considérables s'exécutent en ce moment, et nous aimons à penser
que les millions qui s'entassent sur le sable ne seront point per-
dus. C'est bien, en effet, sur le sable, ou plutôt contre le sable, que
nos savants et patients ingénieurs luttent pied à pied, non sans
succès, hâtons-nous de le dire. Dunkerque (en flamand *Dune
kerke*, église des dunes) a perpétuellement à refouler les torrents
de sable qui tendraient à envahir le port et à submerger la ville
sans l'œuvre puissante et les efforts de l'homme. Rien de plus
intéressant et de plus curieux à visiter que ces systèmes d'écluses,
de digues, de bassins de chasse, de bassins à flot. Nous avons vu
les jetées, la tour des pilotes et le phare où l'on monte par deux
cent soixante-dix marches. La plupart de ces gigantesques travaux

ont été terminés, il y a trente ans environ, sous la direction de M. Bosquillon de Jenlis, ingénieur en chef du département, qui a laissé à Dunkerque les souvenirs les meilleurs et les plus durables.

Dunkerque a la réputation d'être une ville de plaisir et ce renom n'est point usurpé. Les femmes y sont jolies, coquettes, élégantes. L'antique rigidité de mœurs que l'on rencontre dans les villes flamandes, à Douai, la vieille cité parlementaire, à Valenciennes, à Lille, n'existe point ici. Les dames de Cassel se signeraient volontiers, en parlant des mœurs et des toilettes de leurs voisines de Dunkerque. — On fait rapidement fortune à Dunkerque et les nouveaux élus dépensent gaillardement le bien acquis dans les affaires; faut-il leur en faire un crime? — Un grand nombre d'Anglais sillonnent les rues, moins cependant qu'à Boulogne-sur-Mer, ville exclusivement britannique. Le mouvement du port, l'animation naturelle d'un grand centre de commerce et de commission, donnent à Dunkerque une physionomie particulière. Des paquebots partent chaque jour, chaque semaine, dans toutes les directions, les uns pour Londres, les autres pour Rotterdam, Saint-Pétersbourg, les autres pour le Havre et Bordeaux. Les armements destinés à la pêche de la morue, en Terre-Neuve, y sont très-considérables. C'est vers la fin de l'été, qu'a lieu le retour des bateaux pêcheurs; la plupart reviennent ensemble, et lorsque les petites flottilles sont signalées à l'horizon, on voit, de tous côtés, déboucher sur les quais, les familles des pêcheurs qui accourent pour assister au débarquement des leurs. L'émotion, les joies, l'anxiété, les douleurs de toutes ces femmes, de tous ces enfants de pêcheurs, est un des spectacles les plus pittoresques, les plus émouvants qui se puisse imaginer. La plupart des marins reviennent au logis, il faut le dire, sains et saufs, remportant dans leur escarcelle une part qui varie de mille à quinze cents francs : que de dangers, que de labeurs, que de fatigues représentent le petit pécule, et comme ils sonnent clair ces vertueux louis d'or que compte en rentrant la femme du matelot!

Après avoir traversé la place Jean-Bart, la rue principale de Dunkerque, avant d'aboutir au port, nous conduit devant l'église gothique de Saint-Éloi, dont le portail est une colonnade bizarrement rapportée à l'édifice. Auprès, est la tour du quinzième siècle, beffroi de la ville, qui n'est séparée du portail de l'église que par la largeur d'une rue. Cette façade, édifiée au siècle dernier, est une reproduction de la colonnade et du fronton du Panthéon de Rome, architecture qui, sans doute, ne manque point de caractère;

mais les pierres qui ont servi à la construction des colonnes et du fronton sont tellement effritées, tellement friables, que la municipalité vigilante a élevé un auvent en bois, afin de garantir les passants contre les débris qui tombaient sur leurs têtes. — Nous l'avons entendu ce fameux carillon de Dunkerque, tintant du haut du vieux beffroi. Cette sonnerie bizarre de cloches et de clochettes à l'harmonie aiguë, est encore une des gloires, un des orgueils de la ville. Ce célèbre carillon a été rétabli en 1853, et les airs, les plus nouveaux et les plus variés, charment, à toutes les heures, les oreilles des bons Dunkerquois. Le samedi et le dimanche, un artiste consommé exécute sur le beffroi un vrai concerto aérien. — Nulle ville en France, nous a-t-il été dit, n'a plus de goût que la patrie de Jean Bart, pour les fêtes et amusements publics. Les ducasses des Flandres sont célèbres, mais Dunkerque prime toutes les cités flamandes par le goût, la richesse, et la variété de ses décorations. Chaque rue lutte avec la rue voisine, et tous les habitants de la même rue s'entendent pour arriver à l'effet le plus original, le plus réussi. — La municipalité délivre une médaille à la rue la mieux ornée. — Où la manie du concours, où l'émulation s'arrêteront-elles ?

Il nous faut bien parler des bains de mer de Dunkerque, puisque à Paris les murs de nos gares sont couverts de gigantesques affiches, promettant aux voyageurs tous les délices d'une véritable station. Nous serions désespérés de nuire aux entrepreneurs et industriels cosmopolites, dans l'esprit desquels a surgi la pensée généreuse de doter Dunkerque d'une nouvelle source de prospérité ; toutefois, causant avec des habitants de la ville, nous avons recueilli ceci : « Nous ne sommes pour rien dans cette affaire montée par des étrangers, nous a-t-il été dit, et nous déplorons qu'ils aient engagé leur argent dans une entreprise qui n'a aucune chance de réussite. — Jadis, il y a quelques années, avant que nos anciennes fortifications eussent été démolies et reportées plus loin, nous avions nos bains de mer commodément situés à six minutes du port, le long de la jetée, auprès de la *Friture*, notre vieux restaurant à la mode. — Tous nos compatriotes des Flandres venaient, à cette époque, prendre les bains de mer ; les hôtels regorgeaient de voyageurs, et la ville en bénéficiait. — Mais depuis que nos remparts ont été reculés et que des entrepreneurs ont édifié à plus de 2 kilomètres sur la plage des chalets et un casino, personne ne vient l'été à Dunkerque. Le pauvre casino, construit depuis quatre ans, a été ouvert pendant trois semaines et fermé pour cause sérieuse de solitude. Un intrépide financier veut en construire un autre à cinquante mètres du premier ; mais le nom de *casino* étant de mauvais augure, on l'appellera *Kursaal*, comme à Ostende. — En vérité, il faut être trop millionnaire pour courir de tels risques. Comment lutter avec les plages normandes et leurs hôtels si bien installés. Ici, vous l'avez vu, tout est à faire. Pas un arbre sur la plage, pas un brin d'herbe. De méchantes voitures et des omnibus y conduisent péniblement de l[...]lle, en plein soleil, à travers des sentiers à peine tracés sur le sable. La seule distraction des infortunés baigneurs, est de venir, chaque après-midi, à Dunkerque, flâner dans nos rues, visiter les magasins et envier nos bons logis confortables. — Dunkerque a des affaires trop sérieuses et trop sûres, pour s'occuper des bains de mer. Aussi, comme je vous l'ai dit, est-ce une société belge qui a rêvé de nous transformer en Dauville. — Puissent-ils réussir, je le désire sincèrem nt, mais ce n'est point notre argent qui alimentera leur entreprise. »

Nous n'étonnerons personne en disant que les enfants de Dunkerque placent le commerce et les affaires bien au-dessus des arts. Cependant, toute ville grande ou petite qui se respecte devant avoir son musée, Dunkerque possède le sien. De même qu'à Bergues Saint-Winoc, ce sont encore, ici, les dépouilles de l'opulente abbaye dépossédée qui enrichissent le musée. On y remarque un magnifique Porbus, plein de couleur et d'éclat : c'est un tryptique élevé à la gloire de saint Georges. Quelques toiles, attribuées à Rubens, Rembrandt, à leurs élèves, couvrent les murs. Dans un coin, un portrait de la femme de Jean Bart, montrant à son fils les lettres de noblesse octroyées par le roi. Le pauvre enfant a un aspect maladif, — il mourut jeune en effet et la race du héros s'est éteinte, hélas ! avec lui. Sans vouloir médire du musée de Dunkerque, nous devons avouer que la galerie de M. Coffyn, directeur de la succursale de la Banque et le plus aimable des Dunkerquois, est certainement aussi intéressante et aussi riche que le musée municipal de sa ville natale.

IV

Ypres, 16 août 1875.

Sur notre frontière du Nord, Ypres est la ville la plus importante que l'on rencontre en Belgique : elle est située à une heure d'Hazebrouk environ. La plaine belge qui commence à Poperinghe est sans doute d'une rare fertilité, mais je connais peu de pays plus monotones et plus tristes. Ypres, jadis cité opulente qui comptait au quatorzième siècle deux cent mille habitants, est tombée aujourd'hui à dix-huit mille. Est-il besoin d'ajouter que les quatre mille métiers d'où sortaient à cette époque les célèbres toiles de Flandre, ont disparu avec son ancienne splendeur. Une école de cavalerie est établie à Ypres, et les jeunes officiers belges arpentent seuls aujourd'hui les rues larges et silencieuses de la ville déserte. Quoique les destinées de la vieille cité flamande aient bien changé, il est impossible, en apercevant au centre de la ville l'immense halle et la cathédrale de Saint-Martin, de ne point concevoir immédiatement la grandeur et la poésie de toute une époque. Cet édifice, construit en briques et de proportions colossales est, dit-on, un des plus vastes qui existent en ce genre. La façade (133 mètres de longueur),

2

se compose de deux étages de fenêtres ogivales au-dessus d'un rez-de-chaussée. Ce monument, dans sa sévère et forte unité, porte bien ce sombre caractère de grandeur que les villes du moyen âge, jouissant de libertés municipales, ont imprimé soit en Italie, soit en Flandre à leurs constructions. Au centre de la façade s'élève majestueusement le beffroi, tour carrée, flanquée de quatre tourelles, partie la plus ancienne de l'édifice. Ce fut le croisé Beaudoin qui posa en 1200 la première pierre de l'édifice avant de partir en guerre.

Quelle fatale idée prit à cet heureux comte de Flandre de quitter son doux pays pour aller combattre les infidèles. Il eut bien, il est vrai, la gloire d'entrer à Constantinople et d'être nommé par ses soldats empereur, sous le nom de Beaudoin Ier, mais l'histoire raconte également qu'un an après, ce trop ambitieux seigneur fut pris par les Bulgares sous les murs d'Andrinople et jeté dans un cachot. On prétend qu'ayant résisté aux séductions de la reine des Bulgares qui lui proposait d'assassiner son mari, celui-ci, excité par son épouse, ordonna de couper à Beaudoin les bras et les jambes et le fit abandonner ainsi mutilé dans un champ. — Quelle fin, grand Dieu ! pour un héros et un empereur joli homme !

Je songeais à ces sanglantes histoires, en gravissant l'escalier situé à l'extrémité du grand édifice communal. Aucun guide ne s'étant présenté pour nous accompagner, nous errions dans les couloirs lorsque l'un de nous pénétra dans une pièce dont la porte était entr'ouverte. C'était, si je ne me trompe, le cabinet du bourgmestre ; un grand bureau, des papiers épars, et de simples siéges en bois sculpté. Les murs revêtus de boiseries modernes fort belles, ainsi que la cheminée annonçaient une restauration récente faite avec beaucoup de goût dans le style de l'époque.

Enfin un gardien, armé d'un lourd trousseau de clefs, nous servit de guide dans le dédale du vieux palais. « La grande salle qui occupe toute la façade du bâtiment est occupée par les échafaudages et les ouvriers, nous dit-il. La salle des échevins est seule terminée. — Eh bien ! voyons la salle des échevins. » Cette salle, qui depuis le commencement du quatorzième siècle a servi de lieu de réunion à l'échevinage d'Ypres, aux États de Flandre convoqués à Ypres, a été restaurée avec un soin et une perfection rares.

Il paraît qu'après la prise d'Ypres par les Français (le 17 juin 1794), l'ancienne organisation communale cessa d'exister et la salle échevinale fut successivement consacrée à divers usages. Bientôt les ornements et décorations qui rappelaient l'ancien régime disparurent et de nombreuses couches de plâtre recouvrirent les anciennes peintures murales. « Au mois de juillet 1861, le conseil communal d'Ypres décida de restaurer dans son style primitif cette chambre échevinale, où, pendant plus de cinq siècles avaient été prises tant de décisions sages qui eurent sur les glorieuses destinées de notre antique cité une influence si grande et si heureuse. » — Ainsi parle l'auteur d'une notice fort bien faite et très-complète, qui se vend chez le gardien. — La salle restaurée a été inaugurée solennellement le 8 août 1869. La magnifique cheminée monumentale, les portes, les poutres ornées et les riches lambris sculptés sont en cœur de chêne neuf. La grande croisée en bois qui occupe le côté ouest était parfaitement conservée ; mais le vitrail qui s'y trouvait autrefois ayant été détruit, M. Van den Peereboom (j'ai bien dit), ancien ministre de l'intérieur et ancien bourgmestre d'Ypres, a offert à sa ville natale une verrière composée de trente-cinq blasons, où sont reproduites les armoiries des *Gildes* (compagnies) armées, des échevins, des conseillers, des corporations industrielles et des métiers qui composaient la commune d'Ypres.

« Cette verrière rappelle le souvenir de la grande assemblée populaire qui, durant des siècles, délibéra dans cette salle même, à l'ombre du beffroi, emblème de la puissance communale dont la grave silhouette se dresse encore majestueusement derrière le vitrail historique et commémoratif. »

Après tout, ne nous étonnons point de ce style un peu solennel, qui prouve jusqu'à quel point le citoyen yprois est fier de sa bonne ville et des grands souvenirs historiques qui s'y rattachent.

Les bourgeois d'Ypres ont raison, et ils ont tout lieu de s'enorgueillir des vieilles coutumes de leurs ancêtres, de leurs chères libertés et de leurs droits.

Que d'enseignements profitables, que de curieuses et intéressantes incursions dans le passé, nous a procurés cette visite à Ypres. Si nous nous étendons sur ce sujet, c'est que la cité d'Ypres, placée en dehors des grands itinéraires de Belgique, est fort peu visitée et que, d'ailleurs ses voisines, Bruges et Anvers, joyaux précieux de l'art et de souvenirs, brillent d'un éclat sans pareil et ont la prétention de l'éclipser beaucoup.

Toute l'histoire d'Ypres est contenue dans ses monuments : sa grande halle et son beffroi racontent les légendes glorieuses de sa vie communale et de son municipe. Dans la salle échevinale dont nous avons parlé, les peintures murales reproduisent trois épisodes glorieux des annales d'Ypres. Dans les temps de libéralisme féroce et de liberté effrénée que nous traversons, il est bon de montrer à nos prétendus régénérateurs et réformateurs, petits savants et philosophes, qui croient avoir inventé le soleil, qu'au bon vieux temps, au temps du bon plaisir, les hommes avaient, autant et plus qu'eux, conscience et souci de leur dignité, de leurs intérêts et de leurs droits. Regardez le panneau qui représente la joyeuse entrée à Ypres, le 24 avril 1384, de Philippe le Hardi, duc de Bourgogne, et de sa femme Marguerite de Male, héritière du dernier comte de Flandre. Le duc, vient en son nom et au nom de sa femme comtesse de Flandre, affirmer et confirmer les antiques libertés et franchises de la cité flamande. Les échevins d'Ypres se sont portés à leur rencontre à la tête du pont; les pages, tenant la haquenée de la duchesse, les chevaliers, les seigneurs des maisons de Bourgogne et de Flandre, chevauchent derrière le duc et la duchesse, tandis que les chefs des gildes armées (les officiers de la garde nationale d'Ypres), entourent le souverain et marchent à ses côtés en vertu d'un ancien privilége. — Un conseiller municipal lit la harangue, au nom de la commune; ceci fait, le duc prêtera serment et le pont-levis s'abaissera devant le cortége. On voit au fond du tableau le beffroi, les hautes tours des églises; Ypres est en liesse, les maisons sont pavoisées; on croit entendre le carillon des cloches au milieu de l'agitation et des vivats de la foule.

Mais voici qui est plus moderne encore et tout d'actualité. Nous sommes cependant, en 1253; cette fresque de la chambre échevinale représente l'accord établi cette année entre les échevins de la ville et le prélat de Saint-Martin, au sujet de l'organisation de l'enseignement à Ypres. Il résulte de cet accord « qu'il serait érigé trois écoles à Ypres, dans lesquelles les clercs donneraient eux-mêmes sans pouvoir se faire remplacer, des cours inférieurs d'humanités; que les bourgeois d'Ypres pourraient donner à leurs enfants, chez eux, l'instruction primaire comme ils l'entendraient, et que tout bourgeois d'Ypres, aurait le droit de tenir des écoles élémentaires sans l'autorisation soit des échevins, soit du prélat de Saint-Martin. » Ainsi donc, voilà la liberté de l'instruction primaire consacrée à Ypres au treizième siècle! Les Flamands n'étaient point retardataires. Le tableau représente l'une des trois écoles publiques, au moment où les échevins et le conseil municipal viennent inspecter l'établissement et examiner le travail des jeunes élèves.

Enfin, pour compléter la série des questions sociales et humanitaires qui, aux siècles passés, préoccupaient nos pères, comme aujourd'hui, nous devons contempler le dernier tableau de la chambre échevinale d'Ypres.

Cette fois, il ne s'agit plus de l'instruction gratuite et obligatoire, mais de la centralisation et de la sécularisation de la charité. C'est en 1530, que les bourgeois d'Ypres, après de grandes années de misère, pendant lesquelles l'industrie drapière avait été presque complétement perdue, décidèrent en conseil que toutes les aumônes formeraient un fonds commun (*gemeene bürse*) et qu'elles seraient distribuées aux familles pauvres, sous le contrôle de personnes notables, déléguées par le magistrat qui devait recevoir le compte de leur gestion. N'était-ce pas le *bureau de bienfaisance* tel qu'il fonctionne de nos jours ? Grand émoi des ordres mendiants qui contestèrent l'orthodoxie de cette ordonnance ; c'est alors que les magistrats municipaux d'Ypres crurent devoir consulter sur cette question délicate nos docteurs de la Sorbonne de Paris. La docte faculté de théologie proclama l'orthodoxie de l'ordonnance ; le cardinal Campegius et l'évêque de Thérouanne la revêtirent de leur approbation, et l'empereur Charles-Quint fit aux conseillers municipaux d'Ypres l'insigne honneur d'appliquer leur sage réglement aux grandes villes de son comté de Flandre. N'est-ce point curieux de voir, à cette époque, notre Sorbonne servant d'arbitre et jugeant en dernier ressort ? Le tableau représente le délégué du magistrat au moment où, du haut d'une estrade devant la halle, il publie, en janvier 1530, la célèbre ordonnance.

Le véritable musée d'Ypres est cette halle splendide qui contient les belles fresques que nous venons de décrire ; elles sont dues à deux peintres d'Anvers, MM. Guffens et Swerts. — Ces grands artistes, inspirés par leur sujet, ont fait trois chefs-d'œuvre, et nous connaissons peu de maîtres français capables de produire des œuvres aussi parfaites, comme composition et comme couleur. — Le musée d'Ypres, situé dans un bâtiment, à l'angle d'une rue, contient quelques tableaux flamands et hollandais de valeur, et plusieurs souvenirs historiques. Il en est un, parmi ceux-là, qui nous a particuliérement frappé : c'est la large et gigantesque épée à deux mains qui servit d'instrument de supplice aux comtes Horn et d'Egmont. — L'arme sinistre qui a décapité ces infortunés est suspendue au mur, dans une vitrine, sur un fond de velours rouge. — Pourquoi ce souvenir sanglant au musée d'Ypres?

La cathédrale Saint-Martin est considérée, d'après les auteurs, comme la construction la plus grandiose de style romano-ogival existant en Belgique. Le chœur date de 1221 ; la tour est du quinzième siècle. Plusieurs tableaux des plus intéressants, tryptiques et panneaux, décorent l'église, entre autres un magnifique paradis terrestre attribué à Van Eyck ou à Porbus. Dans le chœur, se trouve le tombeau de Jansénius, le fameux évêque d'Ypres, fonda-

leur de la secte des jansénistes, mort en 1638, léguant après lui,
pour agiter le monde catholique, ses célèbres propositions.

Après notre visite à Ypres, nous avons regagné en voiture les
frontières de France, non sans nous arrêter à Poperinghe. Cette
ville belge, autrefois importante, n'a guère d'intéressant aujourd'hui
que les châteaux de ses très-modernes seigneurs, M. le baron
Mazeman de Couthove, sénateur du parti catholique, et de son rival,
le libéral Van Merris d'Ydewalle. — Les deux habitations sont
situées à trois kilomètres de Poperinghe, au milieu d'une plaine
des plus monotones ; on nous avait beaucoup vanté leur magnificence ; elles nous ont semblé fort au-dessous de leur célébrité. —
Le château et le parc du baron de Couthove datent du commencement du siècle, à l'époque où florissaient Delille, chantre des
Jardins, et l'architecture de l'empire. — Une longue habitation
basse avec fronton, ombragée de grands arbres, entourée d'un
vaste jardin anglais fort bien tenu, voilà le domaine du sénateur
catholique. Il y avait ce jour-là, grand festin au château ; la longue
table était dressée dans une serre servant de verandah, et il nous
fut permis d'apercevoir, à travers les fenêtres ouvertes, les fraîches
toilettes des dames flamandes et les blanches cravates des invités.
— Le domaine du libéral Van Merris d'Ydewalle, le grand et inof-
fensif agitateur de la contrée, est contigu à celui de son adversaire.
Nous avons pu y pénétrer ; les guelfes, en vertu d'une trêve, festoyant
pacifiquement chez les gibelins. — Une longue avenue garnie d'arbres de trois ans conduit à l'hôtel Merris. Cette immense construction moderne affecte, en effet, le caractère d'un hôtel ou d'une maison
de ville plutôt que d'une demeure seigneuriale au milieu des champs.
Elle est plantée comme une quille dans la plaine dénudée ; les
pierres de taille sont superbes, le vestibule fort beau, mais dans
ces vastes salles du rez-de-chaussée froides et nues, où selon
l'usage flamand, l'éternel plancher de sapin verni remplace nos
parquets de chêne, pas un objet de valeur artistique ; l'extrême
propreté y tient lieu de l'art absent, ce n'est point suffisant. Je
prendrai la liberté de conseiller à M. Van Merris d'Ydewalle (presque mon homonyme), que l'on dit être jeune, intelligent et très-
riche, de partager ses loisirs entre le libéralisme et l'amour des
belles choses. Qu'il prenne conseil du grand artiste qui a présidé
à la décoration de la salle échevinale d'Ypres, et je gage que les
lithographies coloriées et les vues d'Italie qui déshonorent ses
salons seront vite remplacées par des tableaux et des tapisseries de
Flandre. Alors le touriste ne sera point déçu dans sa visite au
château ; et, en attendant que les arbres du parc puissent donne

de l'ombrage et que M. d'Ydewalle devienne baron (car il le devien-
dra), les excursionistes admireront les chefs-d'œuvre d'art entassés
chez le châtelain libéral et béniront son hospitalité.

Nous sommes revenus à Cassel, par Hazebrouck, petite sous-
préfecture, bien bâtie, proprette et triste dans laquelle nous
serions peu flattés, nous l'avouons, de passer nos jours. L'église est
remarquable par sa flèche élégante (1530) qui mesure quatre-
vingts mètres de hauteur, et par de beaux vitraux modernes qui
représentent le chemin de la croix. Une pluie d'orage nous permit
de visiter à loisir l'église d'Hazebrouck. La route qui conduit
d'Hazebrouck à Cassel, à travers les villages de Hondeghem et de
Sainte-Marie, ressemble à une allée de parc anglais. En sortant des
solitudes qui entourent Poperinghe, nous étions ravis de songer
que ces belles campagnes étaient nôtres et françaises. L'orage bien-
faisant avait rafraîchi l'atmosphère, et abattu la poussière de la
route ; l'air était embaumé et nos chevaux dévoraient l'espace.
Avant de regagner Oxelaere, j'ai voulu visiter une ferme appartenant, je crois, à M. Plichon, ancien ministre. Les fermes, dans cette
partie de la Flandre, sont toutes placées au milieu des pâturages,
et entourées de grands ormes. Les bâtiments, spacieux, m'ont paru
bien tenus. — Une quantité de servantes allaient çà et là : les unes
lavaient le plancher à grande eau et faisaient reluire les meubles
avec une ardeur qui m'a profondément touché. « Chaque jour on
en fait autant, nous dit le fermier. » Les autres battaient en ce
moment le beurre, principale industrie du pays ; toutes les semaines,
on en expédie pour 30.000 francs au marché de Cassel seulement ;
d'autres, enfin, coupaient le pain et étalaient du beurre appétissant
sur de larges tartines. C'était pour le repas du soir ; la tartine,
comme la bière, jouent un grand rôle dans l'alimentation flamande.
Le fermier m'apprit que chaque ouvrier absorbait le matin, à son
réveil, deux de ces gigantesques tranches beurrées trempées dans
son *thé*. — J'ouvris les oreilles avec étonnement au mot de thé ;
mais j'appris que ce thé n'avait rien de commun avec la feuille
odorante des contrées de Chine : c'est une sorte de décoction de
réglisse, rafraîchissante et sans inconvénient, dont l'usage est très-
répandu en Flandre. Ayant remarqué, dans un angle de la grande
cheminée, une série de chapelets, j'interrogeai mon hôte ; celui-ci
m'apprit que la prière du soir se faisait toujours en commun, et,
qu'une fois terminée, chaque ouvrier accrochait au clou son rosaire.
Combien de temps encore la libre-pensée permettra-t-elle aux
valets flamands d'accrocher à la cheminée leur rosaire !

V

Oxelaere, 20 août 1875.

Portrait des Flamands du dernier siècle. — La *Nouvelle description de la France en 1714*, par M. Piganiol de la Force. — Les kermesses flamandes. — Dunkerque et son carnaval. — Les servantes de Dunkerque. — Les mœurs champêtres. — Les noces flamandes.

Tout voyageur, observateur ou touriste, qui tenterait de donner sur les Flandres et le caractère flamand des aperçus ou des impressions nouvelles, n'en dira jamais mieux et davantage que ce que nous venons de découvrir tout à l'heure dans un vieux bouquin de la bibliothèque de la villa d'Oxelaere. C'est un ouvrage en sept volumes ayant pour titre la *Nouvelle description de la France*, dans laquelle « on voit le gouvernement général de ce royaume, celui de chaque province en particulier et la description des villes, maisons royales, châteaux et monuments les plus remarquables, avec des figures en taille-douce, par M. Piganiol de la Force. » Je défie quiconque de tracer du caractère et du génie flamand une peinture plus nette et plus vraie, et d'une façon plus charmante et plus originale que l'a fait le bon auteur de la *Nouvelle description de la France*. Combien de bouleversements, combien de transformations depuis l'an de grâce 1714, alors que M. Piganiol écrivait son livre; ce qu'il pensait alors n'est-il pas encore absolument vrai?

« Les Flamands sont presque tous gros et grands. Leur naturel est pesant et indolent; cependant ils sont laborieux, tant pour la culture des terres que pour les manufactures et le commerce, qu'aucune nation n'entend aussi bien qu'eux. Ils sont grands amateurs de la liberté, et on les gagne plus aisément par la douceur que par la force. Ils se piquent et se réconcilient facilement. Ils se consolent de tout ce qui leur arrive en pensant qu'il pourrait leur arriver pis. Ils ont de l'esprit et du bon sens, sans avoir l'imagination vive. C'est peut-être pour cela qu'ils aiment à boire entre eux et à faire leurs affaires le verre à la main. Ils sont fort attachés à la religion catholique, ils assistent régulièrement à la messe et au sermon.

« Les Flamands naissent tous avec du courage, cependant ils n'aiment pas la guerre, tant parce que la fortune ne s'y fait point assez promptement à leur fantaisie, que parce qu'ils n'aiment pas à l'acheter par une sujétion qu'ils regardent comme une bassesse. Les femmes y sont belles et blanches; mais leur beauté passe aisément. Le mariage a de si grandes vertus en Flandre, qu'il fait toujours *une femme vertueuse d'une fille coquette*; aussi les maris n'y sont point jaloux. Les femmes font la plus grande partie des affaires de la maison et jouissent d'une entière liberté, prenant part aux divertissements comme leurs maris.

« La nourriture la plus commune pour le peuple est le pain bis, le lait, le beurre et la chair salée. Les Flamands sont aussi sobres dans leur domestique, qu'ils aiment la bonne chère en compagnie. Ils sont louables en ce qu'ils proportionnent toujours leur dépense à leur revenu, ne se faisant point de peine de retrancher leur train et leur équipage lorsque leurs rentes diminuent. Il y aurait eu bien des familles à la mendicité sans cette ressource pendant la guerre. Au reste, ils sont tous, hommes et femmes, grands amateurs des fêtes publiques. Chaque ville et chaque village a la sienne, qui dure huit jours, et c'est ce qu'on appelle la *Kairmesse*. L'ouverture s'en fait par une procession du Saint-Sacrement, où l'on ne manque jamais de voir des représentations de géants, de poissons monstrueux, de saints du paradis et de l'enfer. Tout cela marche en cortège dans la ville et fait le divertissement général du peuple. »

Entre toutes, la ville de Dunkerque a religieusement conservé les traditions des kermesses, et nulle autre ville de France ne célèbre le carnaval avec plus de ferveur et de magnificence. Tandis que Paris et nos grandes villes abandonnent l'antique usage du carnaval, dédaignent les déguisements et mascarades qui faisaient la joie de nos aïeux, les Flamands semblent protester contre le mépris des vieux us. On dirait que ce bon peuple gros et lourd, qui sommeille tout le cours de l'année, ne se met en gaieté qu'une fois, et ne se permet le rire qu'un seul jour. Ce jour-là, il est vrai, c'est un rire formidable, retentissant, tout à fait pantagruélique.

« Ici, douze mois, nous disait un ami habitant Dunkerque, se passent à trouver et à fabriquer des costumes et à imaginer des mascarades; c'est à qui inventera les plus riches, les plus bouffonnes, les plus grotesques. Toute la ville pendant trois journées appartient au dieu joufflu du carnaval. Des bandes aux costumes bariolés parcourent les rues jour et nuit; chacun prend part aux ébats, c'est un long défilé de chars, de brillants cortéges et de cohortes de musiciens, de groupes, de monstres, d'emblèmes, de bateaux superbement ornés, et qui semblent marcher d'eux-mêmes en cédant aux efforts des rameurs. Jean Bart, chef d'escadre, est naturellement au gouvernail; puis s'avancent les quatre parties du monde, le paradis, l'enfer, les géants populaires, les *Pirlala*, le *Grand Reuse*. Pendant ces défilés, le carillon tinte à triple volée; on se presse, on se bouscule, et les vieux refrains flamands se font entendre à cœur joie. »

Savez-vous ce que c'est qu'une chanson flamande ? Cette langue, patois anglo-allemand, est belle, sans aucun doute, mais nous connaissons, de par ce monde, un plus doux parler. Au hasard, je prends un chant populaire, de carnaval, connu sous le nom de *Het Pintje* (la Pinte). Or, lisez et prononcez couramment si vous en avez la force.

> Drink ik à pintje
> 'K drinken 'lyk a zwyntje,
> Drink ik a kannetje,
> 'K drinken 'lyk a maynetje.
> Drink ik a stoopje,
> 'K Volley in a hooptje.
> Nooyt van me leven meer,
> 'K, en drinkey geen genever meer!

En langue wallonne ou française, cette harmonieuse poésie signifie : « Si je bois une pinte, je bois comme un petit porc. Si je bois une canette, je bois comme un homme. Si je bois un pot, je m'affaisse. Jamais de la vie je ne boirai plus de genièvre ! »

Nous craignons de nous être un peu avancé et d'avoir calomnié les Flamands, et principalement les Dunkerquois, en leur supposant un seul accès annuel de gaieté durant trois jours. Or, les demoiselles de Dunkerque ont la réputation de faire durer le carnaval beaucoup plus longtemps. Le goût de la danse est tellement vif, tellement répandu, tellement impérieux, que nulle servante, nul domestique ne consentira à entrer à votre service, si vous ne lui accordez préalablement le droit absolu de sortir à certains jours et à telles heures pour aller danser. C'est un usage qui est devenu une loi à laquelle personne ne peut se soustraire. Est-il besoin d'ajouter que les trois journées et nuits de carnaval sont considérées comme vacances de droit. Ceci est à la lettre, les familles les plus aisées de Dunkerque sont forcées pendant les fêtes de se priver de leurs domestiques; chaque dimanche, l'heure des repas doit être modifiée pour permettre à ces demoiselles de l'office de vaquer à leurs plaisirs.

Il serait injuste d'attribuer au reste des Flandres les mœurs et les habitudes qui sont particulières à Dunkerque. Il ne faut pas oublier que Dunkerque est un port de mer des plus fréquentés, un centre d'industrie considérable, et que cette agglomération d'ouvriers de tout pays entraine fatalement une perturbation du sens moral.

Ce trouble, malheureusement, n'agit pas seulement sur les mœurs privées ; la démoralisation de Dunkerque a de plus graves inconvénients : l'esprit révolutionnaire, antireligieux, le courant républicain, en un mot, qui s'accommode si aisément des mœurs faciles et dissolues, semble avoir élu domicile à Dunkerque..... jusqu'à nouvel ordre.

PARIS. — TYPOGRAPHIE A. POUGIN, 13, QUAI VOLTAIRE. — 3876